Manuela Frank

Deutsch an Stationen

SPEZIAL | Texte schreiben

Handlungsorientierte Materialien für die Klassen 3 und 4

Auer Verlag

Die Herausgeber:

Marco Bettner – Rektor als Ausbildungsleiter, Referent in der Lehrerfort- und Lehrerweiterbildung, zahlreiche Veröffentlichungen als Autor und Herausgeber

Dr. Erik Dinges – Rektor einer Förderschule für Lernhilfe, Referent in der Lehrerfort- und Lehrerweiterbildung, zahlreiche Veröffentlichungen als Autor und Herausgeber

Die Autorin:

Manuela Frank – Grundschullehrerin, Lehrbeauftragte am Seminar für Didaktik und Lehrerbildung Pforzheim für das Fach Deutsch

Quellennachweis

S. 9/10: „Der schlechte Hausaufsatz" Aus: e. o. plauen: „Vater und Sohn" in Gesamtausgabe Erich Ohser © Südverlag GmbH, Konstanz 2000

Gedruckt auf umweltbewusst gefertigtem, chlorfrei gebleichtem und alterungsbeständigem Papier.

1. Auflage 2013
Nach den seit 2006 amtlich gültigen Regelungen der Rechtschreibung
© Auer Verlag
AAP Lehrerfachverlage GmbH, Donauwörth
Alle Rechte vorbehalten
Das Werk und seine Teile sind urheberrechtlich geschützt. Jede Nutzung in
anderen als den gesetzlich zugelassenen Fällen bedarf der vorherigen schriftlichen Einwilligung des Verlages. Hinweis zu § 52 a UrhG: Weder das Werk noch seine Teile dürfen ohne eine solche Einwilligung eingescannt und in ein Netzwerk eingestellt werden. Dies gilt auch für Intranets von Schulen und sonstigen Bildungseinrichtungen.
Illustrationen: Corina Beurenmeister
Satz: Typographie & Computer, Krefeld
Druck und Bindung: Franz X. Stückle Druck und Verlag GmbH, Ettenheim
ISBN 978-3-403-**07079**-5

www.auer-verlag.de

Inhalt

Vorwort 4

Materialaufstellung und Hinweise 5

Erzähl- und Schreibanlässe

Station 1:	Zu Bildern schreiben	7
Station 2:	Bildergeschichte	9
Station 3:	Reizwortgeschichte	12
Station 4:	Fortsetzungsgeschichte	14
Station 5:	Partner-Fortsetzungsgeschichte	16
Station 6:	Verwandlungsgeschichte	18

Brief

Station 1:	Bestandteile eines Briefs	20
Station 2:	Einen Brief schreiben	21
Station 3:	Einen Briefumschlag beschriften	23
Station 4:	Fehlerhafter Brief	25
Station 5:	Brief an den Autor deines Lieblingsbuchs	27
Station 6:	Gute und schlechte Einladung	29

Bericht

Station 1:	Bestandteile eines Berichts....	30
Station 2:	Erzählzeit im Bericht	31
Station 3:	Einen Bericht schreiben	32
Station 4:	Eine Zeugenaussage in einen Bericht umwandeln	34
Station 5:	Eine Bildergeschichte in einen Bericht umwandeln	36
Station 6:	Einen Bericht in die richtige Reihenfolge bringen	38
Station 7:	Ein richtiger Bericht?	39

Vorgangsbeschreibung

Station 1:	Rezept für einen Zaubertrank	40
Station 2:	Bestandteile eines Rezepts....	42
Station 3:	Reihenfolge eines Rezepts – Texte	43
Station 4:	Reihenfolge eines Rezepts – Bilder	45
Station 5:	Mein Lieblingsrezept	47
Station 6:	Tipps zum Rezepteschreiben	49

Sachtexte und Steckbriefe

Station 1:	Einen Sachtext zusammenfassen	51
Station 2:	Einen Tiersteckbrief erstellen	53
Station 3:	Einen Steckbrief in einen Sachtext umwandeln	55
Station 4:	Eine Erzählung in einen Steckbrief umwandeln	57
Station 5:	Tiersteckbriefequartett	59

Texte überarbeiten

Station 1:	Wörternetze erstellen	60
Station 2:	Einen Text gliedern	61
Station 3:	Adjektive einsetzen	63
Station 4:	Wortfelderpantomime	64
Station 5:	Wiederholungen vermeiden ...	65
Station 6:	Dialoge schreiben	67
Station 7:	Schreibkonferenz	70

Anhang

Laufzettel	72
Lösungen	73

Vorwort

Bei den vorliegenden Stationsarbeiten handelt es sich um eine Arbeitsform, bei der unterschiedliche Lernvoraussetzungen, unterschiedliche Zugänge und Betrachtungsweisen und unterschiedliche Lern- und Arbeitstempi der Schüler[1] Berücksichtigung finden. Die Grundidee ist, den Schülern einzelne Arbeitsstationen anzubieten, an denen sie gleichzeitig selbstständig arbeiten können. Die Reihenfolge des Bearbeitens der einzelnen Stationen ist dabei ebenso frei wählbar wie das Arbeitstempo und meist auch die Sozialform.

Als dominierende Unterrichtsprinzipien sind bei allen Stationen die Schüler- und Handlungsorientierung aufzuführen. Schülerorientierung meint, dass der Lehrer in den Hintergrund tritt und nicht mehr im Mittelpunkt der Interaktion steht. Er wird zum Beobachter, Berater und Moderator. Seine Aufgabe ist nicht das Strukturieren und Darbieten des Lerngegenstandes in kleinsten Schritten, sondern durch die vorbereiteten Stationen eine Lernatmosphäre zu schaffen, in der Schüler sich Unterrichtsinhalte eigenständig erarbeiten bzw. Lerninhalte festigen und vertiefen können.

Handlungsorientierung meint, dass das angebotene Material und die Arbeitsaufträge für sich selbst sprechen. Der Unterrichtsgegenstand und die zu gewinnenden Erkenntnisse werden nicht durch den Lehrer dargeboten, sondern durch die Auseinandersetzung mit dem Material und die eigene Tätigkeit gewonnen und begriffen.

Ziel der Veröffentlichung ist, wie oben angesprochen, das Anknüpfen an unterschiedliche Lernvoraussetzungen der Schüler. Jeder einzelne Schüler erhält seinen eigenen Zugang zum inhaltlichen Lernstoff. Die einzelnen Stationen ermöglichen das Lernen nach allen Sinnen bzw. nach den verschiedenen Eingangskanälen. Dabei werden sowohl visuelle (sehorientierte), haptische (fühlorientierte) als auch intellektuelle Lerntypen angesprochen. An dieser Stelle werden auch gleichermaßen die Bruner'schen Repräsentationsebenen (enaktiv bzw. handelnd, ikonisch bzw. visuell und symbolisch) mit einbezogen. Aus Ergebnissen der Wissenschaft ist bekannt: Je mehr Eingangskanäle angesprochen werden, umso besser und langfristiger wird Wissen gespeichert und damit umso fester verankert. Das vorliegende Arbeitsheft unterstützt in diesem Zusammenhang das Erinnerungsvermögen, das nicht nur an Einzelheiten, an Begriffe und Zahlen geknüpft ist, sondern häufig auch an die Lernsituation.

Viel Freude und Erfolg mit dem vorliegenden Band wünschen Ihnen
die Herausgeber

Marco Bettner   *Dr. Erik Dinges*

---

[1] Aufgrund der besseren Lesbarkeit ist in diesem Buch mit Schüler auch immer Schülerin gemeint, ebenso verhält es sich mit Lehrer und Lehrerin.

Materialaufstellung und Hinweise

In diesem Heft werden Symbole für Partnerarbeit (☺☺) und Gruppenarbeit (☺☺☺) verwendet, die sich in der jeweiligen Kopfzeile der Arbeitsblätter befinden.

Erzähl- und Schreibanlässe

Die Seiten 7 bis 19 in entsprechender Anzahl kopieren und den Schülern bereitlegen. Als Möglichkeit zur Selbstkontrolle können Lösungsseiten erstellt werden. Zur Differenzierung können – bei Bedarf – jeweils thematisch passende Wortsammlungen angeboten werden, aus welchen leistungsschwächere Schüler Wörter auswählen können.

Station 1: **Zu Bildern schreiben**
Schere und Kleber bereitlegen.

Brief

Die Seiten 20 bis 29 in entsprechender Anzahl kopieren und den Schülern bereitlegen. Als Möglichkeit zur Selbstkontrolle können Lösungsseiten erstellt werden.

Station 5: **Brief an den Autor deines Lieblingsbuchs**
Stellen Sie Ihren Schülern einen Computer mit Internetzugang zur Verfügung oder finden Sie für diese die Adressen der Verlage ihrer Lieblingsbuchautoren heraus.

Bericht

Die Seiten 30 bis 39 in entsprechender Anzahl kopieren und den Schülern bereitlegen. Als Möglichkeit zur Selbstkontrolle können Lösungsseiten erstellt werden.

Station 6: **Einen Bericht in die richtige Reihenfolge bringen**
Schere und Kleber bereitlegen.

Vorgangsbeschreibung

Die Seiten 40 bis 50 in entsprechender Anzahl kopieren und den Schülern bereitlegen. Als Möglichkeit zur Selbstkontrolle können Lösungsseiten erstellt werden.

Station 2–4: Sie können diese Rezepte zusammen mit Ihren Schülern nachkochen.

Station 3: **Reihenfolge eines Rezepts – Texte**
Schere und Kleber bereitlegen.

Station 5: **Mein Lieblingsrezept**
Gestalten Sie zusammen mit Ihren Schülern einen Umschlag für das Klassenlieblingsrezeptebuch.

Sachtexte und Steckbriefe

Die Seiten 51 bis 59 in entsprechender Anzahl kopieren und den Schülern bereitlegen. Als Möglichkeit zur Selbstkontrolle können Lösungsseiten erstellt werden.

Station 2: **Einen Tiersteckbrief erstellen**
Tierlexika oder einen Computer mit Internetzugang zur Verfügung stellen. Schere und Kleber bereitlegen.

Station 5: **Tiersteckbriefequartett**
Tierlexika oder einen Computer mit Internetzugang zur Verfügung stellen. Schere bereitlegen.

Texte überarbeiten

Die Seiten 60 bis 71 in entsprechender Anzahl kopieren und den Schülern bereitlegen. Als Möglichkeit zur Selbstkontrolle können Lösungsseiten erstellt werden.

Station 1: **Wörternetze erstellen**
Plakatbögen in DIN A3 und Stifte zum Beschreiben der Plakate bereitlegen.

Station 4: **Wortfelderpantomime**
Schere bereitlegen.

Station 7: **Schreibkonferenz**
Anstatt Ihre Schüler eine neue Geschichte schreiben zu lassen, können Sie auch zusammen mit ihnen eine bereits geschriebene Geschichte auswählen, die diese dann in ihren Gruppen besprechen.

Station 1 — Zu Bildern schreiben (Arbeitsblatt)

Aufgabe:

Wähle eines der Bilder aus und schreibe dazu eine passende und spannende Geschichte auf das Schmuckblatt.

Station 1 Zu Bildern schreiben (Schmuckblatt)

Station 2 — Bildergeschichte (Arbeitsblatt 1)

Aufgabe:

1. Sieh dir die Bilder genau an.
2. Notiere Stichwörter zu den Bildern.

© Südverlag

Station 2 — Bildergeschichte (Arbeitsblatt 2)

© Südverlag

3. Schreibe nun mithilfe der Bilder eine spannende Geschichte auf das Schmuckblatt. Die Tipps helfen dir dabei.

- Sieh dir die Bilder genau an.
- Gib den Personen Namen.
- Erzähle, was die Personen denken, reden und fühlen.
- Verbinde die Bilder zu einer zusammenhängenden Geschichte.
- Erzähle auch, was vor, zwischen und nach den Bildern geschieht.
- Versuche, so zu schreiben, dass der Leser die Geschichte auch ohne Bilder verstehen kann.
- Gliedere deine Geschichte in: Einleitung, Hauptteil (ausführlich) und Schluss.
- Überlege dir zum Schluss eine zum Lesen anregende Überschrift.
- Denke an wörtliche Rede, spannende und interessante Wörter.
- Benutze treffende Verben, viele Adjektive und verschiedene Satzanfänge.
- Vermeide Wiederholungen im Satz und am Satzanfang.
- Halte die Erzählform (Er-Erzähler) ein und achte auf die Zeit (Präsens = Gegenwart).
- Lies dir deine Geschichte noch einmal durch.

Station 2 — Bildergeschichte (Schmuckblatt)

Station 3 — Reizwortgeschichte (Arbeitsblatt)

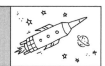

Aufgabe:

1. Suche dir drei Nomen aus und male sie farbig an.

Geräusch	Schreck	Tür
Keller	Schlüssel	Wind
Angst	Schritte	Hose

2. Schreibe nun mit deinen drei Wörtern eine spannende Reizwortgeschichte auf dein Schmuckblatt.
   Die Tipps helfen dir dabei.

- Deine Geschichte ist realistisch (wahr).
- Alle drei Reizwörter spielen eine wichtige Rolle.
- Erzähle ein einziges Erlebnis (nicht mehrere kurze Geschichten).
- Die Geschichte ist lebendig und spannend.
- Gliedere deine Geschichte in Einleitung, Hauptteil (ausführlich) und Schluss.
- Überlege dir eine zum Lesen anregende Überschrift.
- Denke an wörtliche Rede, spannende und interessante Wörter.
- Benutze treffende Verben, viele Adjektive und verschiedene Satzanfänge.
- Vermeide Wiederholungen im Satz und am Satzanfang.
- Halte die Erzählform (Ich- oder Er-Erzähler) ein und achte auf die Zeit (Präteritum = Vergangenheit).
- Lies dir deine Geschichte noch einmal durch.

Station 3: Reizwortgeschichte (Schmuckblatt)

Station 4 Fortsetzungsgeschichte (Arbeitsblatt) ☺ ☺

Aufgabe:

1. Lest euch den Anfang der Geschichte genau durch.

„Pst, nicht so laut!", flüsterte der große Junge.
Die beiden Geschwister Jack und Lola schlichen
den Flur entlang zum Schlafzimmer der Eltern.
„Worüber streiten sie sich?", fragte die kleine Lola
ängstlich und drückte den Teddy Blaubärchen fest
an die Brust.
Jack seufzte: „Weißt du was, Lola? Geh in dein
Zimmer. Ich erzähle es dir später, okay?"
Lola schaute ihn mit ihren großen Kulleraugen an. „Versprochen?"
Jack lächelte: „Versprochen!"
Nachdem Lola verschwunden war, tippelte Jack leise weiter und horchte an der Schlafzimmertür von Herrn und Frau Berger.

2. Überlegt euch gemeinsam, wie die Geschichte weitergehen könnte, und schreibt sie spannend zu Ende. Verwendet das Schmuckblatt.
Die Tipps helfen euch dabei.

- Eure Geschichte ist realistisch (wahr) und passt zur vorgegebenen Einleitung.
- Erzählt ein einziges Erlebnis (nicht mehrere kurze Geschichten).
- Die Geschichte ist lebendig und spannend.
- Gliedert eure Geschichte in Einleitung, Hauptteil (ausführlich) und Schluss.
- Überlegt euch eine zum Lesen anregende Überschrift.
- Denkt an wörtliche Rede, spannende und interessante Wörter.
- Benutzt treffende Verben, viele Adjektive und verschiedene Satzanfänge.
- Vermeidet Wiederholungen im Satz und am Satzanfang.
- Haltet die Erzählform (Ich- oder Er-Erzähler) ein und achtet auf die Zeit (Präteritum = Vergangenheit).
- Lest euch eure Geschichte noch einmal durch.

Station 4 — Fortsetzungsgeschichte (Schmuckblatt) ☺ ☺

Station 5 — Partner-Fortsetzungsgeschichte (1)

Aufgabe:

1. Denke dir eine Figur aus. Beschreibe sie und male sie in den Rahmen.

   Figur:

   _____

   _____

   _____

2. Erfinde zu ihr eine Geschichte. Wovon handelt sie?

   Handlung:

   _____

   _____

   _____

   _____

   _____

3. Schreibe die Einleitung und den Höhepunkt der Geschichte. Höre an der spannendsten Stelle auf zu schreiben.

   Anfang und Höhepunkt der Geschichte:

   _____

   _____

   _____

   _____

   _____

   _____

Station 5 | Partner-Fortsetzungsgeschichte (2)

4. Tausche nun dein Geschriebenes mit deinem Partner. Schreibt gegenseitig eure Geschichten zu Ende.

   Fortsetzung und Ende der Geschichte:

Station 6 · Verwandlungsgeschichte (1)

Aufgabe:

Stelle dir vor, du wachst eines Morgens auf und bist ein Tier.
1. Denke dir ein Tier aus. Male es in den Rahmen.

   Tier:

   _____

   _____

   _____

   _____

2. Versetze dich in die Rolle des Tieres.
   Beschreibe in Stichwörtern, wie du dich fühlst, was in dir vorgeht und was du tust.

   Wie fühlst du dich?

   _____

   _____

   _____

   _____

   Was geht in dir vor?

   _____

   _____

   _____

   _____

   Was tust du?

   _____

   _____

   _____

   _____

Station 6 | Verwandlungsgeschichte (2)

3. Schreibe nun eine spannende Geschichte, in der du in dieses Tier verwandelt bist.

Station 1 Bestandteile eines Briefs

Aufgabe:

Markiere folgende Dinge im Brief:

1. Ort und Datum → blau
2. Anrede und Grußworte → grün
3. Einleitender Satz und Schlusssatz → gelb
4. Brieftext → orange
5. Unterschrift → braun
6. Anredepronomen (du, deine, dein, Sie, Ihr, Ihre) → violett

---

Musterdorf, den 1. Februar 2013

Lieber Frank,

wie schon lange angekündigt, schreibe ich dir nun den lang ersehnten Brief.

Wie geht es dir? Ich hoffe, dein neues Jahr hat gut begonnen? Welche Vorsätze hast du dir denn für 2013 vorgenommen?

Mir geht es ganz gut. Ich bin gut in das neue Jahr gerutscht und habe auch schon angefangen, wieder regelmäßig meine Vokabeln zu lernen. Ich hoffe, dass ich meinen Vorsatz dieses Mal länger beibehalten kann. Zumindest hatte ich in unserem ersten Vokabeltest eine 2. Das hat mich sehr gefreut.

Jonas hat mir erzählt, dass du jetzt jeden Freitag zum Judo gehst? Stimmt das? Macht dir der Sport Spaß?

So, nun bin ich gespannt, was du mir in deinem Antwortbrief berichtest, und freue mich schon darauf, diesen zu lesen.

Viele liebe Grüße

dein Max

PS: Grüße bitte Lisa und deine Eltern von mir!

Station 2 — Einen Brief schreiben (Arbeitsblatt)

Aufgabe:

Du hast seit den Ferien einen neuen Brieffreund in Mainz. Er heißt Felix Mayer und hat dir bereits einen langen Brief geschrieben. Darin schreibt er über sich, seine Hobbys und wie er die restlichen Ferien verbracht hat. Er will natürlich auch noch mehr über dich, deine Familie, deine Hobbys und deine Restferien erfahren. Antworte ihm und berichte, was du erlebt hast.

1. Versuche nun, selbst einen Brief zu schreiben. Verwende das Schmuckblatt. Beachte die Tipps.

- Denke an Ort und Datum, eine passende Anrede, einen einleitenden Satz, einen interessanten Brieftext, einen passenden Schlusssatz, Grußworte und deine Unterschrift.
- Zwischen Ort und Datum setzt du ein Komma.
- Nach der Anrede musst du ein Komma setzen und danach klein weiterschreiben.
- Vergiss nicht, Fragen zu stellen.
- Überlege, wem du einen Brief schreiben möchtest und welche Anrede du dann verwenden musst: **du** oder **Sie** und **Hi**, **Hallo**, **Liebe/r** oder **Guten Tag**, **Sehr geehrte/r** …
- Die Anredepronomen **du**, **deine** und **dein** schreibt man klein. **Sie**, **Ihr** und **Ihre** schreibt man groß.
- Verwende treffende Verben, viele Adjektive und verschiedene Satzanfänge.
- Vermeide Wiederholungen im Satz und am Satzanfang.
- Halte die Erzählform ein und achte auf die Zeit.
- Lies dir deinen Brief noch einmal durch.

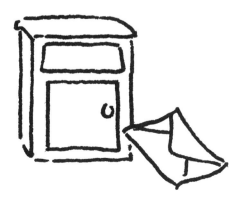

Station 2 — Einen Brief schreiben (Schmuckblatt)

Station 3 — Einen Briefumschlag beschriften (Arbeitsblatt)

Aufgabe:

1. Bastle dir mithilfe der Vorlage einen Briefumschlag.

2. Dein Partner ist der Empfänger des Briefs. Du bist der Absender.
   Frage deinen Partner nach seiner Adresse.
   Beschrifte mit diesen Angaben und deinen eigenen Angaben den Briefumschlag.
   Das Beispiel hilft dir dabei.
   Male auch eine schöne Briefmarke mit dem richtigen Centbetrag darauf.

Absender:
Vorname Nachname
Straße Hausnummer
Postleitzahl Stadt

Briefmarke

Empfänger:
Vorname Nachname
Straße Hausnummer
Postleitzahl Stadt

Station 3 | Einen Briefumschlag beschriften (Vorlage)

Station 4 — Fehlerhafter Brief (1)

Aufgabe:

Mia hat dem Direktor ihrer Schule einen Brief geschrieben. Dabei hat sie einige Regeln des Briefeschreibens nicht beachtet.

1. Lies ihren Brief und die Regeln durch.

Mai

Hallo, Herr Schubert!

in der Pause ist es so langweilig. Wir haben gar keine Spielgeräte. Ein Klettergerüst wäre toll. Kaufst du uns eins? Du bist doch schließlich der Schuldirektor.

Mia

Regeln des Briefeschreibens:

- Rechts oben schreibst du den Ort und das Datum, an denen der Brief geschrieben wurde.
- Danach folgt die Anrede. Bei befreundeten Personen kannst du „Hallo" schreiben, bei anderen aber „Sehr geehrte/r" oder „Lieber".
- Wenn du nach der Anrede ein Komma setzt, schreibst du danach klein weiter, nach einem Ausrufezeichen groß.
- Bei befreundeten Personen verwendest du das Anredepronomen „du" oder „ihr", bei anderen aber unbedingt „Sie".
- Falle nicht mit der Tür ins Haus, sondern beginne mit einem einleitenden Satz.
- Schreibe einen gut verständlichen Brieftext, in dem du den Empfänger auch direkt ansprichst und ihm Fragen stellst. Achte dabei auf eine angemessene Sprache.
- Denke an einen passenden Schlusssatz, der deinen Brief abrundet.
- Überlege dir freundliche Grußworte für den Empfänger deines Briefes.
- Unterschreibe den Brief mit deinem Namen.

2. Notiere, was Mia falsch gemacht hat.

_____

_____

Station 4 — Fehlerhafter Brief (2)

3. Schreibe den Brief dann noch einmal richtig auf.

Station 5 — Brief an den Autor deines Lieblingsbuchs (Arbeitsblatt)

Aufgabe:

1. Bestimmt hast du ein Lieblingsbuch.
   Schreibe einen Brief an den Autor deines Lieblingsbuches.
   Bedanke dich für das spannende Buch, begründe, warum es dir so gut gefällt, und stelle Fragen, die dich dazu interessieren.
   Beachte dabei die Regeln des Briefeschreibens.

Regeln des Briefeschreibens:

- Rechts oben schreibst du den Ort und das Datum, an denen der Brief geschrieben wurde.
- Danach folgt die Anrede. Bei befreundeten Personen kannst du „Hallo" schreiben, bei anderen aber „Sehr geehrte/r" oder „Lieber".
- Wenn du nach der Anrede ein Komma setzt, schreibst du danach klein weiter, nach einem Ausrufezeichen groß.
- Bei befreundeten Personen verwendest du das Anredepronomen „du" oder „ihr", bei anderen aber unbedingt „Sie".
- Falle nicht mit der Tür ins Haus, sondern beginne mit einem einleitenden Satz.
- Schreibe einen gut verständlichen Brieftext, in dem du den Empfänger auch direkt ansprichst und ihm Fragen stellst. Achte dabei auf eine angemessene Sprache.
- Denke an einen passenden Schlusssatz, der deinen Brief abrundet.
- Überlege dir freundliche Grußworte für den Empfänger deines Briefes.
- Unterschreibe den Brief mit deinem Namen.

2. Tausche danach deinen Brief mit deinem Banknachbarn. Hat er noch Verbesserungsvorschläge? Schreibe deinen Brief noch einmal (mit allen Korrekturen) sauber auf das Schmuckblatt.

3. Finde im Internet die Adresse des Verlags, bei dem dein Lieblingsbuch erschienen ist. So kannst du Kontakt mit dem Autor aufnehmen und ihm deinen Brief schicken.

Station 5 — Brief an den Autor deines Lieblingsbuchs (Schmuckblatt)

| Station 6 | Gute und schlechte Einladung |

Aufgabe:

Marie und Tom sind Zwillinge. Zusammen feiern sie eine Geburtstagsparty, zu der jeder der beiden seine Freunde einladen darf.

1. Lies dir die beiden Einladungen aufmerksam durch.

München, den 06.05.13

Lieber Paul,

am Samstag habe ich Geburtstag. Deswegen lade ich dich herzlich zu meiner Feier ein. Ich hoffe, dass du kommen kannst.

Viele Grüße
Marie

München, den 06.05.13

Liebe Annalena,
am Samstag habe ich Geburtstag. Deshalb machen wir eine Party bei uns zu Hause im Waldweg 34. Bei schönem Wetter feiern wir draußen. Die Party beginnt am Samstag, den 11. Mai 2013, um 15 Uhr und endet um 18 Uhr. Ich freue mich auf dich.

Viele Grüße
Tom

---

2. Welche Einladung ist besser gelungen? Begründe deine Entscheidung.

Folgende Stichwörter können dir dabei helfen:
Grund der Feier, Ort der Feier, Datum und Zeit der Feier

_____
_____
_____
_____
_____
_____

Station 1 — Bestandteile eines Berichts

Aufgabe:

In einem Bericht wird nur das Wichtigste ganz sachlich (ohne Gefühle und Ausschmückungen) mitgeteilt.

Folgende Fragen müssen beantwortet werden:

- Wo geschah der Unfall?
- Wann geschah der Unfall?
- Wer war am Unfall beteiligt?
- Wie geschah der Unfall?
- Was waren die Folgen des Unfalls?

1. Lest den Bericht genau durch.

> **Unfall in der Birkenallee**
>
> Am Dienstag, 12.02.2013, fuhr ein Geländewagen gegen 11.10 Uhr in Offenburg mit überhöhter Geschwindigkeit auf der Hauptstraße in Richtung Kreuzung Hauptstraße/Birkenallee. An der Stoppstelle zur Birkenallee kam er nicht mehr rechtzeitig zum Stehen und fuhr einige Meter in die Allee hinein. Ein von rechts kommendes Motorrad konnte trotz Vollbremsung den Zusammenstoß nicht verhindern. Es fuhr in den rechten Kotflügel des Geländewagens, geriet unter diesen und wurde noch einige Meter mitgeschleift. Während der Geländewagen nur einen eingedrückten Kotflügel davontrug, entstand am Motorrad ein erheblicher Sachschaden. Der Motorradfahrer kam mit Schürfwunden an Armen und Beinen sowie einer Gehirnerschütterung ins Krankenhaus. Der Geländewagenfahrer blieb unverletzt.
> Die Polizei unterzog den Geländewagenfahrer einem Alkoholtest.

2. Führt nun eine Zeugenbefragung durch. Einer von euch ist der Zeuge, der andere der Polizist. Der Polizist stellt die Fragen, der Zeuge beantwortet sie sachlich. Schreibt die Fragen und Antworten auf. Ihr könnt die Antworten zuerst im Bericht mit Lineal unterstreichen.

Station 2 — Erzählzeit im Bericht

Aufgabe:

Bei einem Bericht sollten alle Verben in der Vergangenheitsform (Präteritum) stehen.

1. Lies den Bericht.

Unfall in der Birkenallee

Am Dienstag, 12.02.2013, fährt ein Geländewagen gegen 11.10 Uhr in Offenburg mit überhöhter Geschwindigkeit auf der Hauptstraße in Richtung Kreuzung Hauptstraße/Birkenallee. An der Stoppstelle zur Birkenallee kommt er nicht mehr rechtzeitig zum Stehen und fährt einige Meter in die Allee hinein. Ein von rechts kommendes Motorrad kann trotz Vollbremsung den Zusammenstoß nicht verhindern. Es fährt in den rechten Kotflügel des Geländewagens und gerät unter diesen und wird noch einige Meter mitgeschleift. Während der Geländewagen nur einen eingedrückten Kotflügel davonträgt, entsteht am Motorrad ein erheblicher Sachschaden. Der Motorradfahrer kommt mit Schürfwunden an Armen und Beinen sowie einer Gehirnerschütterung ins Krankenhaus. Der Geländewagenfahrer bleibt unverletzt.
Die Polizei unterzieht den Geländewagenfahrer einem Alkoholtest.

2. Unterstreiche alle Verben im Bericht.

3. In welcher Zeitform ist er geschrieben? _____

4. Schreibe den Bericht in der Vergangenheitsform (Präteritum).

Station 3 — Einen Bericht schreiben (Arbeitsblatt)

Aufgabe:

1. Schreibe mithilfe der Notizen des Reporters einen Unfallbericht auf das Schmuckblatt. Beachte die Tipps.

- ✓ schwerer Verkehrsunfall
- ✓ B35
- ✓ 15.04.2012
- ✓ 19.34 Uhr
- ✓ Fahrer schwer verletzt
- ✓ 2 Leichtverletzte
- ✓ 1 Kind (5 Jahre) unter Schock
- ✓ VW Passat
- ✓ nasse Fahrbahn
- ✓ überhöhte Geschwindigkeit
- ✓ Kurve
- ✓ Schleudern
- ✓ Gegenverkehr
- ✓ Ausweichen
- ✓ Straßengraben
- ✓ Polizei und Krankenwagen
- ✓ Sperrung bis 21.15 Uhr

In einem Bericht wird nur das Wichtigste ganz sachlich (ohne Gefühle und Ausschmückungen) mitgeteilt.
Folgende Fragen müssen beantwortet werden:
- **Wo** geschah der Unfall?
- **Wann** geschah der Unfall?
- **Wer** war am Unfall beteiligt?
- **Wie** geschah der Unfall?
- **Was** waren die Folgen des Unfalls?

Der Bericht darf keine persönliche Meinung beinhalten.
Im Bericht muss die Reihenfolge der Geschehnisse stimmen.
Verwende unterschiedliche Satzanfänge.
Vermeide Wiederholungen.
Lies dir deinen Bericht noch einmal durch.

Station 3 — Einen Bericht schreiben (Schmuckblatt)

Station 4 — Eine Zeugenaussage in einen Bericht umwandeln (Arbeitsblatt)

Aufgabe:

1. Wandle die Zeugenaussage in einen Bericht um. Beachte dabei die Tipps.

Banküberfall

Zeugenaussage von Gisela Hörner, 56 Jahre, 12.02.13, Weiblingen

„Das war der Wahnsinn! Zwei Diebe mit Strumpfhosen über dem Kopf überfielen plötzlich die Bank. Mit 1,5 Millionen Euro im Rucksack wollten sie fliehen. Das ist für viele Menschen eine Menge Geld. Kaum vorstellbar! Geiseln? Die gab es auch: der Filialleiter und eine Schalterangestellte sowie eine Kundin. Wann die Gangster in die Bank kamen? Na, heute Morgen gegen 10 Uhr. Wie die reinkamen? Das fiel mir nicht auf. Ich war mit meinen Überweisungen beschäftigt. Ich glaube, die waren schon in der Filiale drin. Einige Leute spekulieren, dass sich die Diebe gestern Abend versteckten und einschließen ließen. Das merkte dann wohl keiner. Was ich mir aber kaum vorstellen kann! Was mit den Geiseln passierte? Tja, den Filialleiter hat es erwischt. Er wurde von der Polizei beim Eindringen in das Gebäude angeschossen. Er wurde später mit dem Krankenwagen abtransportiert. Die Beamten mussten relativ schnell das Gebäude stürmen, da sie nicht mit den Dieben verhandeln konnten. Die Gangster waren sehr stur und wollten nur das Geld. Die Geiseln waren ihnen meiner Meinung nach egal. Die anderen Geiseln? Die hatten Glück. Sie kamen mit dem Schrecken davon. Am Ende gaben die Bankräuber doch auf und die Polizei konnte sie überwältigen und abführen. Wann die Polizisten in die Filiale gestürmt sind? Na, gegen 12 Uhr war es wohl. Das musste eine Sondereinheit der Polizei, die bis an die Zähne bewaffnet war, gewesen sein. Wer die Verbrecher waren? Keiner äußert sich dazu. Wahrscheinlich weiß noch keiner, wer die waren."

In einem Bericht wird nur das Wichtigste ganz sachlich (ohne Gefühle und Ausschmückungen) mitgeteilt.
Folgende <u>Fragen</u> müssen beantwortet werden:
- **Wo** geschah der Überfall?
- **Wann** geschah der Überfall?
- **Wer** war am Überfall beteiligt?
- **Wie** geschah der Überfall?
- **Was** hatte der Überfall für Folgen?

Der Bericht darf <u>keine persönliche Meinung</u> beinhalten.
Im Bericht muss die <u>Reihenfolge der Geschehnisse</u> stimmen.
Verwende unterschiedliche Satzanfänge.
Vermeide Wiederholungen.
Lies dir deinen Bericht noch einmal durch.

Station 4: Eine Zeugenaussage in einen Bericht umwandeln (Schmuckblatt)

| Station 5 | **Eine Bildergeschichte in einen Bericht umwandeln (Arbeitsblatt)** | |

Aufgabe:

Sieh dir die Bildergeschichte an. Schreibe einen Bericht, in dem du den Vorfall genau beschreibst, den du auf den Bildern siehst. Verwende das Schmuckblatt. Beachte die folgenden Tipps:

In einem Bericht wird nur das Wichtigste ganz sachlich (ohne Gefühle und Ausschmückungen) mitgeteilt.
Folgende <u>Fragen</u> müssen beantwortet werden:
- **Wo** geschah der Diebstahl?
- **Wann** geschah der Diebstahl?
- **Wer** war am Diebstahl beteiligt?
- **Wie** geschah der Diebstahl?
- **Was** waren die Folgen des Diebstahls?

Der Bericht darf <u>keine persönliche Meinung</u> beinhalten.
Im Bericht muss die <u>Reihenfolge der Geschehnisse</u> stimmen.
Verwende unterschiedliche Satzanfänge.
Vermeide Wiederholungen.
Lies dir deinen Bericht noch einmal durch.

Station 5: Eine Bildergeschichte in einen Bericht umwandeln (Schmuckblatt)

Station 6: Einen Bericht in die richtige Reihenfolge bringen

Aufgabe:

Ina wollte eine Figur aus Pappmaschee basteln. Dazu hat sie die Tageszeitung in Streifen geschnitten. Als ihr Vater von der Arbeit nach Hause kommt, ist er sehr verärgert, denn er hatte die Zeitung am Morgen noch gar nicht zu Ende gelesen. Der Bericht über einen Einbruch im Juweliergeschäft interessiert ihn besonders. Zum Glück findet Ina alle Streifen, die zu diesem Bericht gehören. Nur leider sind sie komplett durcheinandergeraten.

Schneide die Streifen aus und bringe den Bericht in die richtige Reihenfolge.

Allerdings konnte ein Anwohner Angaben zu den beiden Tätern machen.

Sachdienliche Hinweise, die zum Ergreifen der Täter führen, nimmt die Polizeidirektion Frankfurt entgegen.

In der Nacht zum Sonntag drangen bislang unbekannte Täter gewaltsam in das Frankfurter Juweliergeschäft „Goldig" ein.

Noch bevor die Polizei eintraf, waren die Täter verschwunden.

Auf den dadurch ausgelösten, lautstarken Alarm wurden Anwohner des Nachbargebäudes aufmerksam, die sofort die Polizei alarmierten.

Einbruch im Juweliergeschäft „Goldig"

Demnach handelt es sich um zwei Männer mittleren Alters. Einer von ihnen wird als klein und untersetzt beschrieben und soll dunkle Locken haben. Der zweite ist etwa 1,90 m groß und trug zur Tatzeit einen knöchellangen Mantel.

Vor ihrer Flucht erbeuteten die Täter einige wertvolle Ringe und Uhren im Wert von mehreren tausend Euro aus einer Schmuckvitrine.

Station 7 Ein richtiger Bericht?

Aufgabe:

1. Lies die beiden Texte aufmerksam durch.

a)

> Am vergangenen Dienstag wurde gegen 16 Uhr ein Fahrrad vor der Bäckerei „Pfundig" in der Marktstraße 19 in Köln entwendet. Die Besitzerin des Drahtesels hatte für die Dauer ihrer Einkäufe das Rad nicht angekettet. Die herbeigerufenen Polizeibeamten erfuhren von der Bäckereifachverkäuferin, die den Diebstahl beobachtet hatte, dass es sich beim Täter um einen etwa 18-jährigen Mann mit Sonnenbrille und Schirmmütze handelte, der ein dunkelgraues T-Shirt sowie eine blaue Jeans und Sportschuhe trug. Weder der Täter noch das silbergraue Damenrad der Firma „Silberstar" konnten bisher gefunden werden.

b)

> Gestern Nachmittag habe ich einen Diebstahl beobachtet. Ein junger Mann ist zielstrebig zum Fahrradständer vor der Bäckerei, in der ich arbeite, gelaufen, hat sich ein brandneues Rad geschnappt und ist davongefahren. Ich habe mir gleich gedacht, dass mit dem was nicht stimmt. Der sah mit seiner dunklen Sonnenbrille und der tief ins Gesicht gezogenen Schirmmütze schon sehr verdächtig aus. Kurze Zeit später kam eine Dame ganz aufgelöst in die Bäckerei und erzählte, dass ihr Fahrrad verschwunden sei. Sofort riefen wir die Polizei. Hoffentlich werden der Täter und das Rad bald gefunden.

2. Welcher der beiden Texte ist ein richtiger Bericht, welcher nicht? Begründe deine Entscheidung.

_____

_____

_____

_____

_____

Station 1: Rezept für einen Zaubertrank (Arbeitsblatt)

Aufgabe:

In einem kleinen Hexenhäuschen im Wald wurde ein uraltes Hexenkochbuch gefunden. Darin kann man noch die Zutatenliste eines wunderbaren Zaubertranks erkennen.

1. Lies dir die Zutatenliste genau durch.

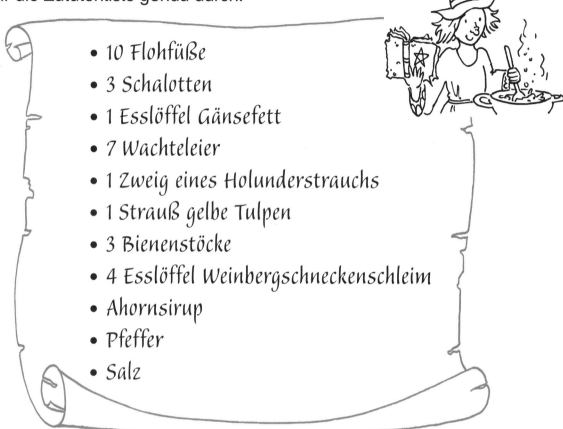

- 10 Flohfüße
- 3 Schalotten
- 1 Esslöffel Gänsefett
- 7 Wachteleier
- 1 Zweig eines Holunderstrauchs
- 1 Strauß gelbe Tulpen
- 3 Bienenstöcke
- 4 Esslöffel Weinbergschneckenschleim
- Ahornsirup
- Pfeffer
- Salz

2. Verfasse eine Anleitung zur Herstellung des Zaubertranks. Verwende das Schmuckblatt. Die Tipps verraten dir, wie du ein gutes Rezept schreiben kannst.

Tipps:

- Überlege dir eine treffende Überschrift, die zu deinem Rezept passt.
- Achte in deiner Einleitung auf die richtige Reihenfolge der Zutaten.
- Vergiss nicht, die benötigten Küchengeräte zu erwähnen.
- Versuche, die Verarbeitung der Zutaten möglichst treffend zu beschreiben.
- Vermeide Wiederholungen im Satz und am Satzanfang.
- Halte die Erzählform ein und achte auf die Zeit.
- Lies dir dein Rezept noch einmal durch.

Station 1 — Rezept für einen Zaubertrank (Schmuckblatt)

Station 2 — Bestandteile eines Rezepts

Aufgabe:

1. Unterstreiche folgende Dinge im Rezept:

    a) Überschrift → blau

    b) benötigte Gegenstände → rot

    c) benötigte Zutaten → grün

    d) Verarbeitung der Zutaten → gelb

Vanille-/Schokoladenpudding

Um den Pudding zu kochen, benötigen wir einen Messbecher, einen Topf, einen Schneebesen, einen Esslöffel sowie mehrere Puddingförmchen.
Dazu legen wir folgende Zutaten bereit: kalte Milch, Zucker sowie ein Päckchen (Vanille-/Schokoladen-)Puddingpulver.

Als Erstes messen wir $\frac{1}{2}$ Liter Milch mit dem Messbecher ab und gießen diesen in den Topf. Etwas Milch behalten wir jedoch im Messbecher zurück und fügen zwei gehäufte Esslöffel Zucker dazu. Anschließend reißen wir das Päckchen Puddingpulver auf, schütten den gesamten Inhalt in den Messbecher und rühren das Ganze mit dem Schneebesen solange um, bis keine Klümpchen mehr zu sehen sind. Danach spülen wir die Puddingförmchen mit kaltem Wasser aus und stellen sie beiseite.

Nun schalten wir eine Herdplatte auf der höchsten Stufe ein und stellen den Topf mit der restlichen Milch darauf.
Sobald diese kocht, nehmen wir den Topf vom Herd und geben das Puddinggemisch mit dem Schneebesen dazu. Dann stellen wir den Topf wieder auf die Platte zurück und kochen alles unter ständigem und kräftigem Rühren noch einmal kurz auf. Zum Schluss schalten wir die Herdplatte aus und füllen die heiße (Vanille-/Schokoladen-)Masse in die vorbereiteten Förmchen.

2. Wenn du möchtest, kannst du das Rezept mit einem Erwachsenen nachkochen.

Station 3: Reihenfolge eines Rezepts – Texte (Arbeitsblatt)

Aufgabe:

1. Schneide die Streifen aus.
2. Bringe die Teile des Rezepts in die richtige Reihenfolge und klebe sie auf.

Alles vermischen und in eine gebutterte Auflaufform füllen.

Schinken in Würfel schneiden.

Kartoffeln und Käse grob reiben oder in Würfel schneiden.

Rahm, Eier, Salz und Pfeffer vermischen und über die Kartoffeln gießen.

Auflauf in den Ofen schieben und 40 bis 45 Minuten backen lassen.

Zutaten:
- 500 g Kartoffeln
- 150 g Emmentaler Käse
- 100 g Schinken
- 2 Teelöffel Rahm
- 2 Eier
- Salz und Pfeffer

Geräte:
- Schäler
- Messer
- Reibe
- Messbecher
- Kochlöffel
- Schneebesen
- Auflaufform
- Backofen

Kartoffeln schälen.

Kartoffelauflauf

---

3. Schreibe mithilfe der zusammengeklebten Teile eine ausführliche Vorgangsbeschreibung für das Rezept. Verwende das Schmuckblatt. Die Tipps können dir helfen.

Tipps:

- Überlege dir eine treffende Überschrift, die zu deinem Rezept passt.
- Achte in deiner Einleitung auf die richtige Reihenfolge der Zutaten.
- Vergiss nicht, die benötigten Küchengeräte zu erwähnen.
- Versuche, die Verarbeitung der Zutaten möglichst treffend zu beschreiben.
- Vermeide Wiederholungen im Satz und am Satzanfang.
- Halte die Erzählform ein und achte auf die Zeit.
- Lies dir dein Rezept noch einmal durch.

Station 3 — Reihenfolge eines Rezepts – Texte (Schmuckblatt)

Kartoffelauflauf

Um den Kartoffelauflauf zu machen, benötige ich einen Schäler, ein _____

_____

Station 4: Reihenfolge eines Rezepts – Bilder (Arbeitsblatt)

Aufgabe:

1. Nummeriere die Bilder in der richtigen Reihenfolge.

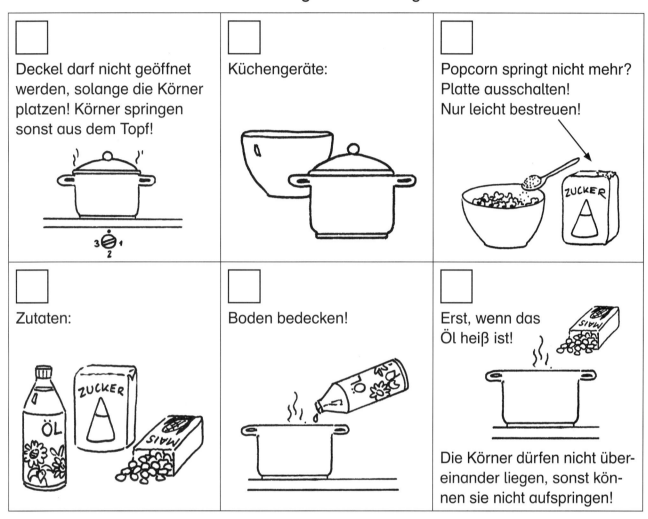

2. Schreibe eine vollständige Vorgangsbeschreibung zur Herstellung von Popcorn auf das Schmuckblatt. Die Tipps helfen dir dabei.

Tipps:

- Überlege dir eine treffende Überschrift, die zu deinem Rezept passt.
- Achte in deiner Einleitung auf die richtige Reihenfolge der Zutaten.
- Vergiss nicht, die benötigten Küchengeräte zu erwähnen.
- Versuche, die Verarbeitung der Zutaten möglichst treffend zu beschreiben.
- Vermeide Wiederholungen im Satz und am Satzanfang.
- Halte die Erzählform ein und achte auf die Zeit.
- Lies dir dein Rezept noch einmal durch.

Station 4 — Reihenfolge eines Rezepts – Bilder (Schmuckblatt)

Popcorn

Station 5 — Mein Lieblingsrezept (1)

Aufgabe:

1. Schreibe dein Lieblingsrezept mit Stolperfallen (falsche Mengenangaben, verrückte Zutaten, unmögliche Verben, …).

   Zum Beispiel:
   *Für den Pizzateig **stiehlst** du einen halben Würfel Hefe, **zehn** Kilogramm Mehl, einen viertel Liter lauwarmes Wasser, **zwanzig** Esslöffel Zucker, **drei Zitronen** …*

2. Tausche dein Rezept mit deinem Partner. Verbessert gegenseitig eure Rezepte.

Station 5 | Mein Lieblingsrezept (2)

3. Schreibt die korrigierten Rezepte sauber auf und macht daraus zusammen mit euren Klassenkameraden ein Klassenlieblingsrezeptebuch.

Station 6 — Tipps zum Rezepteschreiben (1)

Aufgabe:

Die Kinder der Klasse 3d der Villa-Kunterbunt-Grundschule wollen ein Buch mit ihren Lieblingsrezepten schreiben. Dazu überlegen sie sich, was man beim Schreiben von Rezepten alles beachten muss.

1. Lies, was die Kinder sagen.

> Die Reihenfolge der einzelnen Schritte ist absolut egal. Am Ende wird sowieso alles zusammengeschüttet.

> Für was soll ich die Arbeitsmaterialien dazuschreiben? In der Küche finde ich doch alles.

> Abwechslungsreiche Satzanfänge sind doch überflüssig. Hauptsache man versteht, was man tun muss. Interessiert doch keinen, wenn da Wiederholungen dabei sind.

> Rühre den Teig! – Du rührst den Teig. – Teig rühren. – Ob ich im Rezept die Befehls-, die Personal- oder die Grundform wähle, spielt keine Rolle. Am abwechslungsreichsten ist es, wenn ich in einem Rezept alle Formen mische.

> Meine Oma sagt immer: „Ich koche nach Gefühl." Und bei ihr schmeckt es am allerbesten. Also muss man keine genauen Mengenangaben bei den Zutaten machen. Jeder nimmt so viel, wie er meint.

> Eine Überschrift für ein Rezept ist doch völlig unwichtig. Wenn man das Rezept liest, weiß man doch auch ohne Überschrift gleich, um was es geht.

> Ich schreibe einfach immer „tun" und „machen" als Verben. Dann muss ich mir nicht ewig andere Wörter überlegen.

Station 6 — Tipps zum Rezepteschreiben (2)

2. Haben die Kinder mit ihren Aussagen recht? Schreibe die Tipps zum Rezepteschreiben richtig auf.

Station 1 Einen Sachtext zusammenfassen (1)

Aufgabe:

Um einen Sachtext zusammenzufassen, musst du davor gut verstehen, worum es in ihm geht. Das ist nicht immer ganz einfach. Eine spezielle Technik kann dir dabei helfen. Sie besteht aus sieben Schritten.

1. Lies dir die Schritte gut durch.
   - **1. Schritt:** Lies die Überschrift genau.
   - **2. Schritt:** Sieh dir die Bilder an.
   - **3. Schritt:** Lies den Text aufmerksam und still für dich durch.
   - **4. Schritt:** Unterstreiche mit Lineal die wichtigsten Wörter.
   - **5. Schritt:** Kreise unbekannte Wörter ein und schlage sie nach.
   - **6. Schritt:** Schreibe die unterstrichenen Begriffe auf einen Stichwortzettel.
   - **7. Schritt:** Schreibe eine kurze Zusammenfassung oder berichte kurz über den gelesenen Text.

2. Nun bist du an der Reihe. Fasse den folgenden Text zusammen. Gehe dabei schrittweise vor.

> **Der Frosch**
>
> Der Frosch gehört zu den Froschlurchen. Zuerst lebt er als Kaulquappe im Wasser und später als Frosch an Land.
> Er besitzt kurze Vorderbeine und lange Hinterbeine mit Schwimmhäuten, mit denen er hervorragend springen und schwimmen kann.
> Die Haut des Froschs ist feucht und teilweise warzig.
> Die Männchen haben zwei Schallblasen am Kopf, mit denen sie Paarungsrufe erzeugen.
> Frösche ernähren sich hauptsächlich von Insekten und Spinnen, die sie blitzschnell mit ihrer langen Zunge fangen.
> Frösche stehen unter Artenschutz.

a) Wie lautet die Überschrift? _____

b) Was siehst du auf den Bildern? _____

c) Lies den Text aufmerksam und still für dich durch.

d) Unterstreiche mit Lineal die wichtigsten Wörter.

e) Kreise unbekannte Wörter ein und schlage sie nach.
   Wie lauten deine unbekannten Wörter und was bedeuten sie?

_____

_____

_____

Station 1 — Einen Sachtext zusammenfassen (2)

f) Schreibe die unterstrichenen Wörter auf den Stichwortzettel.

g) Schreibe die Zusammenfassung des Textes mithilfe der Stichwörter auf.

Station 2: Einen Tiersteckbrief erstellen (Arbeitsblatt)

Aufgabe:

1. Wähle ein Tier aus, das dich besonders interessiert. Male es in den Rahmen. Wenn dir kein Tier einfällt, kannst du eine der Tierkarten ziehen oder auswählen und das Bild einkleben oder das Tier selbst malen.
2. Suche in einem Sachbuch oder im Internet einen Sachtext zu deinem Tier.
3. Fülle den Steckbrief stichwortartig mithilfe deiner Informationen aus.

Name: _____

Lebensraum: _____
_____
_____

Aussehen: _____
_____
_____
_____

Nahrung: _____
_____
_____

Besonderheiten: _____
_____
_____
_____
_____
_____

Station 2 — Einen Tiersteckbrief erstellen (Tierkarten)

Station 3: Einen Steckbrief in einen Sachtext umwandeln (Arbeitsblatt)

Aufgabe:

Lies dir den Steckbrief des Delfins genau durch. Schreibe dann mithilfe der Angaben aus dem Steckbrief einen Sachtext über dieses Tier. Verwende das Schmuckblatt.

Name:
- Delfin

Lebensraum:
- fast alle Meere der Welt,
- küstennahe Gewässer,
- Flüsse (nur die Flussdelfine)

Aussehen:
- stromlinienförmiger Körper,
- eineinhalb bis vier Meter lang,
- hundertfünfzig bis zweihundert Kilogramm schwer,
- eine dreieckige Rückenflosse (Finne), zwei Vorderflossen (Flipper), eine Schwanzflosse (Fluke),
- schnabelförmige, lange Schnauze,
- runder, höckerartiger Wulst auf dem Kopf (Melone),
- Blasloch auf dem Kopf,
- unterschiedliche Grautöne, Oberseite meist dunkler als Bauchseite

Nahrung:
- Fische, Tintenfische, Krebse

Besonderheiten:
- kein Fisch, sondern ein Säugetier,
- gehört zur Ordnung der Wale, sechsundzwanzig Arten,
- perfekter Schwimmer,
- mithilfe der Melone als speziellem Organ Orientierung mit Echolauten,
- atmet durch das Blasloch,
- gehört zu den intelligentesten Tieren,
- guter Gehör- und Geruchssinn,
- Lebenserwartung von bis zu vierzig Jahren,
- lebt in Gruppen, so genannten „Schulen", mit oft über hundert Artgenossen,
- schwimmt bis zu neunzig Stundenkilometer schnell,
- taucht bis zu sechshundert Meter tief, kann fünfzehn Minuten unter Wasser bleiben,
- hat immer nur ein Junges,
- verständigt sich durch Pfeifen, Schnattern, spezielle Klicklaute und andere Geräusche

Station 3: Einen Steckbrief in einen Sachtext umwandeln (Schmuckblatt)

Station 4: Eine Erzählung in einen Steckbrief umwandeln (Arbeitsblatt)

Aufgabe:

In den Osterferien hat Anna ihren Onkel Ludwig und seine Familie auf deren Biobauernhof besucht. Besonders begeistert war sie von seiner Schafherde. Von dieser erzählt sie ihren Mitschülern nach den Ferien.

1. Lies, was Anna über die Schafe bei ihrem Onkel erzählt.

> Jeden Morgen und jeden Abend bin ich mit Onkel und Tante in den Schafstall gegangen. Während mein Onkel die Schafe gemolken hat, durfte ich meiner Tante dabei helfen, die Lämmer mit Milch aus Biomilchpulver zu füttern. Die Lämmer waren noch sehr klein und manche noch sehr wackelig auf den Beinen, denn sie sind erst im März auf die Welt gekommen.
> Sobald sie ein bisschen größer sind, dürfen sie mit ihren Müttern auf die Weide. Dort fressen sie dann frische Gräser und Kräuter. Im Winter kommen sie wieder in den Stall, wo sie mit Heu, Grassilage und ein wenig Kraftfutter gefüttert werden.
> Es gibt auch einen Widder, also ein männliches Schaf, auf dem Hof. Der darf aber nur im Herbst zur Paarungszeit zur restlichen Herde. Er ist noch größer und kräftiger als die weiblichen Schafe und wiegt über hundert Kilogramm. Hörner hat er aber auch keine. Die Schafrasse von meinem Onkel ist nämlich eine Rasse ohne Hörner. Trotzdem gehören alle Schafe, sowie die Kühe, zur Familie der Hornträger. Und sie haben noch eine Gemeinsamkeit mit den Kühen: Sie sind Wiederkäuer.
> Mein Onkel hat mir erzählt, dass sich Lämmer und ihre Mütter am Geruch und am Blöken erkennen. Aber sie haben nicht nur einen guten Geruchssinn, sondern auch sehr gute Augen. Das ist sehr wichtig, damit sie ihre Feinde, vor allem in der freien Wildbahn, frühzeitig erkennen.
> Ich finde, dass Schafe sehr nett aussehen. Der ganze Körper ist voll mit dichtem, kuscheligem Fell und nur Kopf, Ohren, Schwanz und Beine haben keine Wolle. Unter ihren dicken Haaren haben Schafe dichte, gekräuselte Unterwolle. Die meisten Schafe von meinem Onkel sind weiß, aber es gibt auch graue, braune, schwarze und gescheckte Tiere. Ich hoffe, dass ich in den Pfingstferien wieder zu Onkel und Tante auf den Biobauernhof fahren kann. Dann werden die Schafe nämlich geschoren. Jedes Schaf gibt ungefähr vier Kilogramm Wolle. Eine ganze Menge!

2. Unterstreiche all ihre Informationen über die Schafe.

3. Schreibe mithilfe der unterstrichenen Informationen einen Steckbrief über Schafe auf das Schmuckblatt.

Station 4: Eine Erzählung in einen Steckbrief umwandeln (Schmuckblatt)

Name: _____

Aussehen: _____
_____
_____
_____
_____

Nahrung: _____
_____
_____

Besonderheiten: _____
_____
_____
_____
_____
_____
_____

Station 5 Tiersteckbriefequartett

Aufgabe:

Geht in Gruppen aus drei bis fünf Personen zusammen. Jede Gruppe wählt sich einen Lebensraums aus: Haus, Bauernhof, Wald, Teich, Hecke oder Meer. Überlegt euch vier Tiere, die in diesem Lebensraum zu Hause sind und erstellt dazu ein Quartett. Ihr dürft auch Sachtexte aus Büchern oder dem Internet zu Hilfe nehmen.

Beispiel:

Lebensraum: Bauernhof

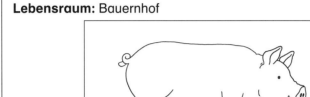

Name: Hausschwein

Aussehen: dick, rosa Haut, Borsten, kurzer Ringelschwanz, kleiner Rüssel, Eber mit Stoßzähnen

Nahrung: pflanzliche und tierische Kost (Allesfresser), genau abgestimmte Futtermischungen

Besonderheiten: Mann: Eber, Frau: Sau, Kind: Ferkel
gutes Gehör und guter Geruchssinn, suhlen sich gerne im Schlamm = Reinigung, gelten als sehr intelligent

---

Lebensraum:

Name: _____

Aussehen: _____

Nahrung: _____

Besonderheiten: _____

Station 1 | Wörternetze erstellen

Aufgabe:

1. Wähle eines der Themen aus und male das Feld farbig an.

> Ein Wörternetz hilft dir beim Sammeln von Wörtern oder Ideen.

Zirkusbesuch	Waldausflug	Winter-spaziergang	Faschingsfeier
Fußballspiel	Im Gruselschloss	Im Krankenhaus	Strandurlaub
Beim Tierarzt	Fahrradunfall	Geburtstags-überraschung	Märchenwald

2. Erstelle zu deinem Thema ein Wörternetz auf einem großen Plakat. Das funktioniert so:
In die Mitte schreibst du das Thema und rund herum Wörter, die dir zu deinem Thema einfallen.

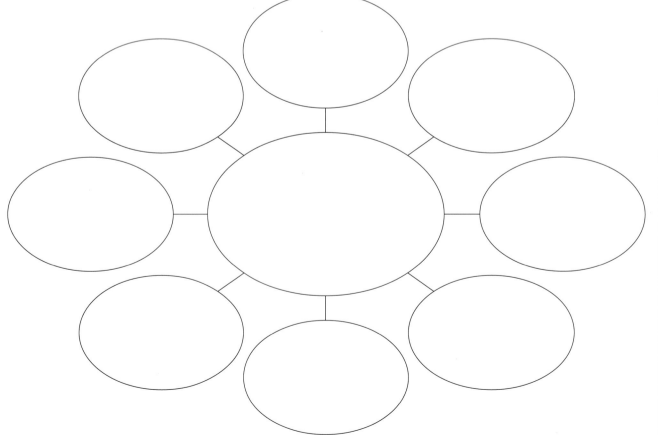

Station 2 Einen Text gliedern (1)

Aufgabe:

1. Wähle eines der Themen aus und male das Feld farbig an.

> Eine Gliederung hilft dir, deine Gedanken zu einer Geschichte zu ordnen.

Albtraum	Mein größter Wunsch	Der große Streit	Klassenausflug
Bei den Indianern	Das Versprechen	Das Sportfest	Hexerei

2. Notiere Stichwörter zu deinem Thema.

- _____
- _____
- _____
- _____
- _____
- _____

3. Erstelle eine Gliederung.

Thema:

Worum geht es in deiner Geschichte?

_____

Einleitung:

Welche Personen kommen in deiner Geschichte vor?

_____

Wo spielt deine Geschichte?

_____

Wann findet deine Geschichte statt?

_____

61

Station 2 — Einen Text gliedern (2)

Hauptteil:
Was geschieht in deiner Geschichte?
Was sagen, fühlen und denken die Personen?

> Tipp: Beachte die zeitliche Reihenfolge!

Schluss:
Wie endet deine Geschichte?

> Tipp: Der Schluss muss zur Geschichte passen!

Überschrift:
Was macht die Leser neugierig auf deine Geschichte?

Station 3 Adjektive einsetzen

Aufgabe:

1. Lies dir die Geschichte durch. Setze die Adjektive passend in die Lücken ein.

> Adjektive machen deine Geschichte lebendig und helfen beim Beschreiben.

heiße – fleißig – jammernd – besorgt – schlimme – fürchterlichen – großen – dicken – schlechte – bekümmert – dicken – gut – schnell – laut – aufmunternd – schwierigen – besser – zu spät

Bauchschmerzen

Tinas Wecker hat schon viermal _____ geklingelt. Aber sie bleibt unter ihrer _____ Decke liegen. Als ihre Mutter ins Zimmer kommt, um sie noch einmal zu wecken, zieht sie _____ das Kopfkissen über ihren Kopf. Ihre Mutter setzt sich _____ neben sie und fragt: „Mein Kind, was ist denn los mit dir? Du musst _____ aufstehen, sonst kommst du _____ in die Schule!" „Ich habe so _____ Bauchschmerzen!", stöhnt Tina. „Hast du gestern Abend eine _____ Speise gegessen, die du nicht vertragen hast?", will ihre Mutter wissen. „Nein", antwortet Tina. „Na, woher kommen diese _____ Bauchschmerzen denn dann?", überlegt ihre Mutter. Da fällt ihr Blick auf den _____ Kalender, der über Tinas Schreibtisch hängt. „Mathearbeit" steht dort in _____ Buchstaben geschrieben. Nun weiß sie, was los ist: „Du hast Angst vor der Mathearbeit", stellt sie fest. Tina nickt _____: „Ich habe so _____ gelernt, aber ich glaube, jetzt habe ich alles wieder vergessen." „Ach was!", ruft ihre Mutter _____. „Du warst gestern so _____ und konntest mir sogar die _____ Fragen beantworten. Da kann heute gar nichts schiefgehen! Jetzt steh' erst einmal auf und zieh' dich an. Ich mache dir eine _____ Schokolade und danach sieht alles schon viel _____ aus!"

2. Gefällt dir die Geschichte mit oder ohne Adjektive besser? Begründe.

_____

_____

Station 4 — Wortfelderpantomime

Aufgabe:

1. Bilde mit zwei bis vier Klassenkameraden eine Gruppe. Überlegt euch Wörter zum Wortfeld „gehen" oder zum Wortfeld „sehen". Schreibt sie auf die Kärtchen und schneidet die Kärtchen aus.

> Mithilfe von Wortfeldern sammelst du Wörter, die (fast) das gleiche bedeuten. Dadurch werden deine Geschichten spannend, anschaulich, genau und abwechslungsreich.

2. Legt die Kärtchen verdeckt vor euch ab. Jeder von euch zieht ein Kärtchen. Macht euren Gruppenmitgliedern pantomimisch euer Verb vor. Wer es am schnellsten errät, bekommt die Karte. Spielt so viele Runden, bis keine Karten mehr auf dem Stapel sind. Wer am Ende die meisten Kärtchen hat, hat gewonnen.

Station 5 — Wiederholungen vermeiden (1)

Aufgabe:

Jeder in Melissas Klasse hat ein Geschichtenheft. In dieses dürfen die Kinder selbst erfundene Geschichten und Gedichte schreiben oder auch, was sie am Wochenende erlebt haben. Das hat Melissa heute gemacht. Aber sie ist mit ihrer Wochenenderzählung nicht wirklich zufrieden.

> Ohne Wiederholungen wird deine Geschichte abwechslungsreicher und spannender.

1. Lies dir den Text durch.

Am Samstag hatte meine Mutter Geburtstag. Sie hat mich früh geweckt. Dann haben wir alles für ihre Feier vorbereitet. Dann haben wir einen Kuchen gebacken. Dann haben wir im Garten bunte Blumen geholt und in einer Vase auf den Tisch gestellt. Dann haben wir den Tisch gedeckt. Dann hat mein Vater gemerkt, dass wir keine Servietten haben. Dann sind Papa und ich schnell zum Supermarkt gefahren und haben die schönsten Servietten gekauft, die wir finden konnten. Dann war der Geburtstagstisch fertig. Dann kamen die Gäste: meine Oma und mein Opa, meine Tante Sofie und mein Cousin Markus. Dann gab es den leckeren Kuchen, Kaffee für die Erwachsenen und heiße Schokolade für Markus und mich. Dann habe ich meiner Mama ihr Geschenk gegeben: eine selbst gebastelte Schachtel für ihren Hausschlüssel, damit sie ihn nicht mehr verlieren kann. Dann hat sich meine Mama sehr gefreut. Dann habe ich mit meinem Cousin Markus Fußball im Garten gespielt. Das war ein toller Geburtstag!

2. Was gefällt Melissa an ihrer Geschichte nicht? Warum?

_____
_____
_____
_____
_____
_____

3. Unterstreiche die Wörter, die wiederholt werden.

Station 5 — Wiederholungen vermeiden (2)

4. Hilf Melissa, ihre Wochenenderzählung zu verbessern. Schreibe den Text verbessert auf, indem du statt der Wiederholungen neue, abwechslungsreiche Wörter einsetzt.

| Station 6 | Dialoge schreiben (1) |

Aufgabe:

1. Seht euch das Bild genau an und überlegt, weshalb die linke (1) und rechte (2) Person miteinander streiten.

> Dialoge machen deine Geschichte lebendig, spannend und abwechslungsreich.

2. Schreibt das, was die beiden Personen zueinander sagen, in die Sprechblasen.

Station 6 Dialoge schreiben (2)

3. Was sagt die Person in der Mitte (3)? Schreibt es ebenfalls in die Sprechblase.

4. Schreibt den Streit in der richtigen Reihenfolge als Dialog auf.

Person 1: _____

Person 2: _____

Person 3: _____

_____ : _____

_____ : _____

_____ : _____

Station 6 — Dialoge schreiben (3)

___ : _____

___ : _____

___ : _____

___ : _____

___ : _____

___ : _____

___ : _____

___ : _____

5. Spielt den Dialog vor der Klasse vor. Welche Ideen hatten die anderen Gruppen? Waren sie ähnlich wie eure eigenen oder ganz anders?

Station 7 — Schreibkonferenz (1)

Aufgabe:

Manchmal vergisst man beim Schreiben, Wiederholungen zu vermeiden, Spannung aufzubauen, wörtliche Rede zu verwenden, einen durchgängigen roten Faden in die Geschichte zu bringen usw.
Damit dir das in Zukunft nicht passiert, erfährst du hier, wie du mithilfe deiner Klassenkameraden deine Geschichte überarbeiten kannst.

> Bei Schreibkonferenzen geben sich du und deine Klassenkameraden gegenseitig Tipps zum Verbessern eurer Geschichten, auf die ihr allein vielleicht gar nicht gekommen wärt.

1. Schreibe eine Geschichte zu einem vorgegebenen Thema.
2. Setzt euch in Gruppen von drei bis fünf Kindern zusammen.
3. Lies deinen Klassenkameraden deine Geschichte vor.
   Die anderen hören dir aufmerksam zu.
4. Untersucht miteinander den Text und macht euch gegenseitig Verbesserungsvorschläge. Beachtet dabei die Tipps.
   Notiere dir kleine Änderungen mit Bleistift im Text und größere Verbesserungsvorschläge unter deiner Geschichte oder auf einem separaten Blatt.

Tipps:

- Stimmt die Reihenfolge der Geschichte (roter Faden)?
- Ist die Geschichte spannend, lebendig und mit Adjektiven ausgeschmückt?
- Hast du Wiederholungen vermieden?
- Ist die Erzählzeit durchgängig eingehalten?
- Findet man in der Geschichte passende, abwechslungsreiche Verben?
- Enthält der Text wörtliche Rede?
- Kann man alle verwendeten Wörter und Sätze verstehen?

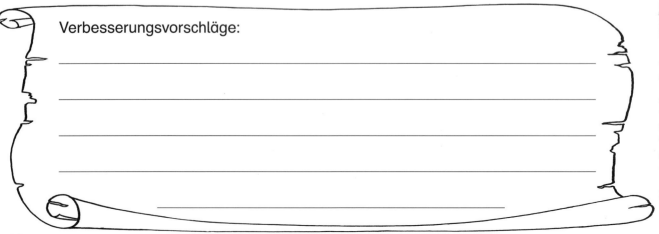

Verbesserungsvorschläge:

Station 7 — Schreibkonferenz (2)

5. Suche dir aus den Vorschlägen deiner Klassenkameraden mindestens drei aus und überarbeite dann deinen Text.
   Schreibe eine Endfassung.

6. Lies deinen Text deiner Gruppe oder der ganzen Klasse vor und hänge ihn anschließend im Klassenzimmer auf.

Laufzettel

für _____

Pflichtstationen

Stationsnummer	Erledigt am	Kontrolliert am
Nummer _____		
Nummer _____		
Nummer _____		
Nummer _____		
Nummer _____		
Nummer _____		
Nummer _____		

Wahlstationen

Stationsnummer	Erledigt am	Kontrolliert am
Nummer _____		
Nummer _____		
Nummer _____		
Nummer _____		
Nummer _____		

Brief/Station 1 — Seite 20

Musterdorf, den 1. Februar 2013

Anrede — Lieber Frank,

Ort und Datum

Einleitender Satz — wie schon lange angekündigt, schreibe ich dir nun den lang ersehnten Brief.

Brieftext

Wie geht es dir? Ich hoffe, dein neues Jahr hat gut begonnen? Welche Vorsätze hast du dir denn für 2013 vorgenommen?

Mir geht es ganz gut. Ich bin gut in das neue Jahr gerutscht und habe auch schon angefangen, wieder regelmäßig meine Vokabeln zu lernen. Ich hoffe, dass ich meinen Vorsatz dieses Mal länger beibehalten kann. Zumindest hatte ich in unserem ersten Vokabeltest eine 2. Das hat mich sehr gefreut.

Jonas hat mir erzählt, dass du jetzt jeden Freitag zum Judo gehst? Stimmt das? Macht dir der Sport Spaß?

Schlusssatz — So, nun bin ich gespannt, was du mir in deinem Antwortbrief berichtest und freue mich schon darauf, diesen zu lesen.

Grußworte — Viele liebe Grüße

Unterschrift — dein Max

PS: Grüße bitte Lisa und deine Eltern von mir!

Brief/Station 4 — Seite 25

2. fehlender Ort, unvollständiges Datum, unhöfliche Anrede, Großschreibung nach Ausrufezeichen nicht beachtet, falsches Anredepronomen, fehlender einleitender Satz, unangemessene Sprache, fehlender Schlusssatz, fehlende Grußworte

3. Lösungsvorschlag:

12. Mai 2013

Sehr geehrter Herr Schubert,

ich schreibe Ihnen diesen Brief, weil ich eine große Bitte habe.

In der Pause ist es meinen Klassenkameraden und mir oft sehr langweilig. Wir würden uns gerne ein bisschen austoben, aber das geht leider nicht, weil es gar keine Spielgeräte gibt. Wir haben eine Umfrage gemacht und dabei kam heraus, dass viele Schüler Ihrer Schule gerne ein Klettergerüst im Pausenhof hätten.

Es wäre sehr nett, wenn Sie über die Anschaffung dieses Spielgeräts für unsere Schule nachdenken würden. Wir würden uns unheimlich darüber freuen!

Vielen lieben Dank und freundliche Grüße

Mia Maurer aus der Klasse 3c

| Brief/Station 6 | Seite 29 |

2. Toms Einladung ist besser gelungen. Er hat den Grund, den Ort, das Datum und die Zeit der Feier genannt. Maries Einladung ist nicht so gut, denn sie hat den Ort, das Datum und die Zeit der Feier vergessen.

| Bericht/Station 1 | Seite 30 |

2. Wo geschah der Unfall? *Der Unfall geschah in Offenburg an der Kreuzung von Hauptstraße und Birkenallee.*

   Wann geschah der Unfall? *Der Unfall geschah am Dienstag, 12.02.2013, gegen 11.10 Uhr.*

   Wer war am Unfall beteiligt? *Ein Geländewagenfahrer und ein Motorradfahrer waren am Unfall beteiligt.*

   Wie geschah der Unfall? *Der Geländewagenfahrer kam wegen überhöhter Geschwindigkeit an der Stoppstelle nicht rechtzeitig zum Stehen und fuhr in die Allee hinein. Der von rechts kommende Motorradfahrer stieß trotz Vollbremsung mit diesem zusammen, fuhr in dessen rechten Kotflügel, geriet unter diesen und wurde einige Meter mitgeschleift.*

   Was waren die Folgen? *Der Geländewagen hatte einen eingedrückten Kotflügel. Sein Fahrer blieb unverletzt und wurde einem Alkoholtest unterzogen. Am Motorrad entstand erheblicher Sachschaden. Der Motorradfahrer kam mit Schürfwunden an Armen und Beinen sowie einer Gehirnerschütterung ins Krankenhaus.*

| Bericht/Station 2 | Seite 31 |

3. Präsens

4. Am Dienstag, 12.02.2013, fuhr ein Geländewagen gegen 11.10 Uhr in Offenburg mit überhöhter Geschwindigkeit auf der Hauptstraße in Richtung Kreuzung Hauptstraße/Birkenallee. An der Stoppstelle zur Birkenallee kam er nicht mehr rechtzeitig zum Stehen und fuhr einige Meter in die Allee hinein. Ein von rechts kommendes Motorrad konnte trotz Vollbremsung den Zusammenstoß nicht verhindern. Es fuhr in den rechten Kotflügel des Geländewagens und geriet unter diesen und wurde noch einige Meter mitgeschleift. Während der Geländewagen nur einen eingedrückten Kotflügel davontrug, entstand am Motorrad ein erheblicher Sachschaden. Der Motorradfahrer kam mit Schürfwunden an Armen und Beinen sowie einer Gehirnerschütterung ins Krankenhaus. Der Geländewagenfahrer blieb unverletzt.
Die Polizei unterzog den Geländewagenfahrer einem Alkoholtest.

Bericht/Station 6 — Seite 38

Einbruch im Juweliergeschäft „Goldig"

In der Nacht zum Sonntag drangen bislang unbekannte Täter gewaltsam in das Frankfurter Juweliergeschäft „Goldig" ein.

Auf den dadurch ausgelösten, lautstarken Alarm wurden Anwohner des Nachbargebäudes aufmerksam, die sofort die Polizei alarmierten.

Vor ihrer Flucht erbeuteten die Täter einige wertvolle Ringe und Uhren im Wert von mehreren tausend Euro aus einer Schmuckvitrine.

Noch bevor die Polizei eintraf, waren die Täter verschwunden.

Allerdings konnte ein Anwohner Angaben zu den beiden Tätern machen.

Demnach handelt es sich um zwei Männer mittleren Alters. Einer von ihnen wird als klein und untersetzt beschrieben und soll dunkle Locken haben. Der zweite ist etwa 1,90 m groß und trug zur Tatzeit einen knöchellangen Mantel.

Sachdienliche Hinweise, die zum Ergreifen der Täter führen, nimmt die Polizeidirektion Frankfurt entgegen.

Bericht/Station 7 — Seite 39

2. Text a) ist ein richtiger Bericht, Text b) nicht. Text a) ist sachlich, beinhaltet keine persönliche Meinung, beantwortet alle für einen Unfallbericht nötigen Fragen und hält die Reihenfolge der Geschehnisse ein. Text b) ist nicht sachlich, weil er Gefühle und Ausschmückungen enthält und die persönliche Meinung gesagt wird. Die Fragen werden im Text b) nur ungenau beantwortet.

Vorgangsbeschreibung/Station 2 — Seite 42

1. a) Vanille-/Schokoladenpudding
   b) Messbecher, Topf, Schneebesen, Esslöffel, Puddingförmchen
   c) $\frac{1}{2}$ Liter kalte Milch, 2 gehäufte Esslöffel Zucker, 1 Päckchen (Vanille-/Schokoladen-)Puddingpulver
   d) Text ab „Als Erstes messen wir …"

Vorgangsbeschreibung/Station 3 — Seite 43

2. Kartoffelauflauf

    Geräte: Schäler, Messer, Reibe, Messbecher, Kochlöffel, Schneebesen, Auflaufform, Backofen

    Zutaten: 500 g Kartoffeln, 150 g Emmentaler Käse, 100 g Schinken, 2 Teelöffel Rahm, 2 Eier, Salz und Pfeffer

    Kartoffeln schälen.
    Kartoffeln und Käse grob reiben oder in Würfel schneiden.
    Schinken in Würfel schneiden.
    Rahm, Eier, Salz und Pfeffer vermischen und über die Kartoffeln gießen.
    Alles vermischen und in eine gebutterte Auflaufform füllen.
    Auflauf in den Ofen schieben und 40 bis 45 Minuten backen lassen.

3. individuelle Lösung

Vorgangsbeschreibung/Station 4 — Seite 45

5 Deckel darf nicht geöffnet werden, solange die Körner platzen! Körner springen sonst aus dem Topf!

2 Küchengeräte:

6 Popcorn springt nicht mehr? Platte ausschalten! Nur leicht bestreuen!

1 Zutaten:

3 Boden bedecken!

4 Erst, wenn das Öl heiß ist!

Die Körner dürfen nicht übereinander liegen, sonst können sie nicht aufspringen!

Vorgangsbeschreibung/Station 6 — Seite 50

2. Eine Überschrift für ein Rezept ist wichtig. Dann weiß der Leser gleich, um was es geht.

Man muss genaue Mengenangaben bei den Zutaten machen, damit das Rezept gelingen kann.

Man muss die benötigten Arbeitsmaterialien dazuschreiben, damit man alles bei sich hat, was benötigt wird.

Die Reihenfolge der einzelnen Schritte ist wichtig für das Gelingen des Rezepts.

Beim Schreiben eines Rezepts müssen abwechslungsreiche Verben verwendet werden.

Abwechslungsreiche Satzanfänge sind wichtig, damit es keine Wiederholungen gibt.

Man muss sich für die Befehls-, Personal- oder Grundform beim Schreiben eines Rezepts entscheiden und diese Form den ganzen Text hindurch beibehalten.

Sachtexte und Steckbriefe/Station 3 — Seite 55

Lösungsvorschlag:

Obwohl der Delfin aussieht wie ein Fisch und im Wasser lebt, ist er kein Fisch, sondern ein Säugetier. Er gehört zur Ordnung der Wale und es gibt von ihm sechsundzwanzig Arten.

Sein Lebensraum sind fast alle Meere der Welt und küstennahe Gewässer. Die Flussdelfine leben zudem in Flüssen.

Delfine haben einen stromlinienförmigen Körper, sind eineinhalb bis vier Meter lang und wiegen hundertfünfzig bis zweihundert Kilogramm. Sie haben eine dreieckige Rückenflosse, die Finne genannt wird, zwei Vorderflossen – sogenannte Flipper –, eine Schwanzflosse (Fluke genannt) und eine schnabelförmige, lange Schnauze.

Der höckerartige Wulst auf ihrem Kopf nennt sich Melone. Dabei handelt es sich um ein spezielles Organ, mit dem die Delfine Echolaute zur Orientierung ausstoßen können. Außerdem haben Delfine ein Blasloch auf dem Kopf, durch das sie atmen.

Es gibt Delfine in unterschiedlichen Grautönen, wobei die Oberseite meist dunkler als die Bauchseite ist.

Delfine ernähren sich von Fischen, Tintenfischen und Krebsen.

Die Tiere sind perfekte Schwimmer. Sie schwimmen bis zu neunzig Stundenkilometer schnell, tauchen bis zu sechshundert Meter tief und können fünfzehn Minuten unter Wasser bleiben.

Sie gehören zu den intelligentesten Tieren und haben einen guten Gehör- und Geruchssinn. Ihre Lebenserwartung beträgt bis zu vierzig Jahre.

Delfine leben in Gruppen, so genannten „Schulen". Eine Schule besteht oft aus über hundert Artgenossen, die sich gegenseitig helfen, wenn sie krank oder verletzt sind.

Ein Delfinweibchen hat immer nur ein Junges. Mit diesem verständigt es sich durch Pfeifen, Schnattern, spezielle Klicklaute und andere Geräusche.

| Sachtexte und Steckbriefe/Station 4 | Seite 57 |

3. Lösungsvorschlag:

Name:	Schaf
Aussehen:	weißes, graues, braunes, schwarzes oder geschecktes Fell
	dichte gekräuselte Unterwolle und darüber dicke Haare
	nur Kopf, Ohren, Schwanz und Beine ohne Wolle
	groß und kräftig
	Widder über hundert Kilogramm schwer
Nahrung:	im Sommer frische Gräser und Kräuter auf der Weide
	im Winter Heu, Grassilage und ein bisschen Kraftfutter
	Milch aus Biomilchpulver für Lämmer
Besonderheiten:	geben Milch (sind Säugetiere)
	Wiederkäuer
	Herdentiere
	gehören zur Familie der Hornträger
	haben einen guten Geruchssinn und sehr gute Augen
	Mutterschafe und ihre Lämmer erkennen einander an ihrem Blöken und an ihrem Geruch
	kommen im März auf die Welt
	werden im Sommer geschoren – jedes Schaf gibt ungefähr vier Kilogramm Wolle

| Texte überarbeiten/Station 3 | Seite 63 |

1. Bauchschmerzen

Tinas Wecker hat schon viermal <u>laut</u> geklingelt. Aber sie bleibt unter ihrer <u>dicken</u> Decke liegen. Als ihre Mutter ins Zimmer kommt, um sie noch einmal zu wecken, zieht sie <u>jammernd</u> das Kopfkissen über ihren Kopf. Ihre Mutter setzt sich <u>besorgt</u> neben sie und fragt: „Mein Kind, was ist denn los mit dir? Du musst <u>schnell</u> aufstehen, sonst kommst du <u>zu spät</u> in die Schule!" „Ich habe so <u>schlimme</u> Bauchschmerzen!", stöhnt Tina. „Hast du gestern Abend eine <u>schlechte</u> Speise gegessen, die du nicht vertragen hast?", will ihre Mutter wissen. „Nein", antwortet Tina. „Na, woher kommen diese <u>fürchterlichen</u> Bauchschmerzen denn dann?", überlegt ihre Mutter. Da fällt ihr Blick auf den <u>großen</u> Kalender, der über Tinas Schreibtisch hängt. „Mathearbeit" steht dort in <u>dicken</u> Buchstaben geschrieben. Nun weiß sie, was los ist: „Du hast Angst vor der Mathearbeit", stellt sie fest. Tina nickt <u>bekümmert</u>: „Ich habe so <u>gut</u> gelernt, aber ich glaube, jetzt habe ich alles wieder vergessen." „Ach was!", ruft ihre Mutter <u>aufmunternd</u>. „Du warst gestern so <u>fleißig</u> und konntest mir sogar die <u>schwierigen</u> Fragen beantworten. Da kann heute gar nichts schiefgehen! Jetzt steh' erst einmal auf und zieh' dich an. Ich mache dir eine <u>heiße</u> Schokolade und danach sieht alles schon viel <u>besser</u> aus!"

2. individuelle Lösung

Texte überarbeiten/Station 5　　　　　　　　　　　　　　　　　　　　　　　Seite 65

2. individuelle Lösung

3. Am Samstag hatte meine Mutter Geburtstag. Sie hat mich früh geweckt. <u>Dann</u> haben wir alles für ihre Feier vorbereitet. <u>Dann</u> haben wir einen Kuchen gebacken. <u>Dann</u> haben wir im Garten bunte Blumen geholt und in einer Vase auf den Tisch gestellt. <u>Dann</u> haben wir den Tisch gedeckt. <u>Dann</u> hat mein Vater gemerkt, dass wir keine Servietten haben. <u>Dann</u> sind Papa und ich schnell zum Supermarkt gefahren und haben die schönsten Servietten gekauft, die wir finden konnten. <u>Dann</u> war der Geburtstagstisch fertig. <u>Dann</u> kamen die Gäste: meine Oma und mein Opa, meine Tante Sofie und mein Cousin Markus. <u>Dann</u> gab es den leckeren Kuchen, Kaffee für die Erwachsenen und heiße Schokolade für Markus und mich. <u>Dann</u> habe ich meiner Mama ihr Geschenk gegeben: eine selbst gebastelte Schachtel für ihren Hausschlüssel, damit sie ihn nicht mehr verlieren kann. <u>Dann</u> hat sich meine Mama sehr gefreut. <u>Dann</u> habe ich mit meinem Cousin Markus Fußball im Garten gespielt. Das war ein toller Geburtstag!

4. Mögliche neue, abwechslungsreiche Wörter:
Zuerst, als Nächstes, anschließend, dabei, deshalb, endlich, nun, daraufhin, hinterher, darüber, zuletzt, …

Auer empfiehl

Die optimale Ergänzung zu diesem Buch:

96 S., DIN A4
▸ Best-Nr. **07061**

Corina Beurenmeister

Texte schreiben mit Bildergeschichten 3./4. Klasse

Plus Arbeitsmaterialien zu jeder Bildergeschichte in 2 Schwierigkeitsstufen

▸ Motivieren Sie Ihre Schüler zum Schreiben mit ansprechenden Bildergeschichten!

Mit diesem Band erhalten Sie 25 Bildergeschichten speziell für die 3. und 4. Klasse, die die Lebenswirklichkeit der Kinder betreffen.
Als besonderes Plus erhalten Sie zu jeder Bildergeschichte zwei Arbeitsblätter mit aufgaben in zwei Schwierigkeitsgraden. Mit diesen führen Sie Ihre Schüler an das selbstständige Schreiben von Geschichten heran und greifen dazu verschiedene Themen des Deutschlehrplans aus den Bereichen Grammatik, Wortbildung und Wortschatz sowie Satzbau auf. So können Sie problemlos das richtige Anspruchsniveau für Ihre Klassenstufe auswählen oder innerhalb einer Klasse differenzieren.

Dieser Band enthält:

▸ 25 Bildergeschichten als Kopiervorlagen | zu jeder Bildergeschichte 2 Karteikarten mit Arbeitsaufträgen in 2 Differenzierungsstufen als Kopiervorlagen | einen übersichtlichen Lösungsteil

WWW.AUER-VERL
WEBSERV
www.auer-verlag.de/

07061

Blättern im Buch

Download

Leseprobe

Weitere Titel zum Thema:

Ines Bischoff
Deutsch an Stationen SPEZIAL Texte schreiben 1/2
Handlungsorientierte Materialien für die Klassen 1 und 2!
72 S., DIN A4
▸ Best-Nr. **07078**

Ursula Lassert
Texte schreiben - aber wie?
Textsorten trainieren in 2 Schwierigkeitsstufen!
90 S., DIN A4
▸ Best-Nr. **04898**

Bernd Ganser (Hrsg.), Thomas Mayr
Wochenplan Deutsc Erzählen/Freies Schre 1/2
Effektiv fördern mit Mater steinen für jeden Wochen
128 S., DIN A4
▸ Best-Nr. **06986**

Bestellschein (bitte kopieren und faxen/senden)

Ja, bitte senden Sie mir gegen Rechnung:

Anzahl	Best.-Nr.	Kurztitel
	07061	Texte schreiben mit Bildergeschichten 3./4. Klasse
	07078	Deutsch an Stationen SPEZIAL Texte schreiben 1/2
	04898	Texte schreiben - aber wie?
	06986	Wochenplan Deutsch, Erzählen/Freies Schreiben 1/2

☐ Ja, ich möchte per E-Mail über Neuerscheinungen und wichtige Termine informiert werden.

E-Mail-Adresse

Auer Verlag
Postfach 1152
86601 Donauwörth

Fax: 09 06 / 73-1
oder einfach anrufen:
Tel.: 09 06 / 73-240
(Mo-Do 8:00-16:00 & Fr 8:00-13:00)

E-Mail: info@auer-verlag

Aktionsnummer: 90

Absender:

Vorname, Nachname

Straße, Hausnummer

PLZ, Ort

Datum, Unterschrift